어이없는 김도훈

| 일러두기 |

1.
이 <이제그반 글쓰기 모음집> 전집은 2024년 강릉 운산초등학교 2학년 이제그반 학생 9명이 1년 동안 한 '삶을 가꾸는 글쓰기' 활동을 9권의 책으로 묶은 것이다.

2.
이 책의 모든 내용과 표현은 담임 교사 김기수가 '공동체로서의 민주 시민 교육'의 일환으로 한 교실 운영 방침에서 비롯되었다. 아이들이 담아낸 학교에서의 삶의 글을 오탈자만 수정해 그대로 수록했다.

2024년 운산초등학교 2학년 이제그반

김도훈 글쓰기 모음집

어이없는 김도훈

김도훈

여는 글

　아홉 살 아홉 명의 아이들, 운산초등학교 2학년 이제그반 아이들이 함께 쓴 글은 모두 1,228편이다. 1편 〈어이없는 김도훈〉부터 9편 〈몽실이와 구하라〉까지 모두 읽으면 1,228편의 글을 읽는다. 원고를 찾지 못해 책에 담지 못한 글들도 있다. 이를 더하면 약 1,300편의 글을 썼다.

　한 사람당 약 144편의 글을 썼다. 1년 동안 학교에 간 날이 190일이니 매일 글쓰기를 했다고 봐도 무리가 없다. 와, 이제그반 아이들은 정말 어마어마한 일을 했다.

　"선생님, 도대체 아이들에게 무슨 짓을 한 건가요?"

　이제그반 아이들이 쓴 1,228편의 글로 책을 내겠다고 말하니 출판사 사장님이 말했다.

　내가 아이들에게 무슨 짓을 했나, 너무나 가혹한 일을 한 건 아닌가 생각했다. 출판사 사장님 말씀 때문에 아이들에게 미안한 마음이 들었다. 하지만 겨울방학 동안 아이들이 쓴 글을 읽으며 미안함이 싹 사라졌다. 미안함이 사라진 자리에 우리가 함께한 추억이 커다랗게 채워졌다. 사람은 시간이 흐르면 잊는다. 하지만 글로 남아있으면, 글을 읽고 언제든 그때 그 순간으로 돌아갈 수 있다. 함께 한 사람들을 추억할 수 있다. 나에게는 1,228편의 글이 그런 글이었다.

나는 확신한다. 언젠가 이제그반 아이들이 나에게 매일 글쓰기를 시켜줘서 고맙다고, 이를 모아 책으로 내줘서 고맙다고 연락해 줄 거라고 확신한다. 삶의 기쁜 순간이나 힘든 순간에 책을 꺼내 읽어 '우리 그때 참 신나게 살았노라고' 위로받고 응원받을 거라고 확신한다. 무엇보다 삶의 순간순간마다 글을 쓸 거라고 확신한다. 삶을 글로 채우고, 그 글들로 자신을 채우며 살아가길 바란다.

내 교직 인생에서 이제그반 아이들은 가장 많은 글을 쓴 아이들이 될 테다. 지금까지 이제그반 아홉 아이들만큼 글을 쓴 아이들이 없었고 앞으로도 없을 테다. 수많은 글을 읽으며 2024년의 선생 김기수를 추억할 수 있어 행복했다. 그 행복함 덕분에 나는 다시 아이들을 만나 행복하게 지낼 수 있을 테다.

행복한 선물을 전해준 이제그반 아이들 덕분이다. 고맙다.
이 아홉 권의 책이 너희들에게도 행복한 선물이 되면 좋겠다.

2025년 2월 3일 오전 12시 11분
2024년 운산초 2학년 이제그반 김기수 씀

목차

여는 글 … 4

작가 소개 … 9

1. 주제 낱말로 시를 쓰고 … 10

- 손
- 발
- 눈
- 몸
- 밥
- 국
- 맛
- 물
- 방
- 문
- 벽
- 집
- 옷
- 실
- 신
- 줄

- 길
- 돌
- 흙
- 땅
- 비
- 빛
- 가다
- 오다
- 서다
- 걷다
- 듣다
- 밀다
- 주다
- 씹다
- 웃다
- 파다

- 자다
- 찾다
- 모으다
- 만들다
- 묶다
- 놀다
- 담다
- 찢다
- 검다
- 크다
- 길다
- 같다
- 맑다
- 달다
- 춥다
- 늦다

2. 글똥누기를 모아모아 책을 만들다. … 59

- 새 학기 떡 돌리기
- 양보란 무엇일까?
- 1학년 때 우리반은?
- 2학년 때 우리반은?
- 산책
- 동아리 시작
- 비밀기지
- 지한이의 감자 샌드위치
- 안은영 작가와의 만남
- 파충류 카페
- 벽화 그리기
- 가난이란 무엇일까?
- 단오장
- <아홉 살 인생> 끝
- 영화 <아홉 살 인생>
- 여름방학의 일
- 갑자기 시험
- <굴러가는 태웅이> 촬영 하루 전
- <굴러가는 태웅이> 촬영
- 첫 영상수업
- 송편 빚기
- 내가 찍은 영상 보기
- 추석
- 사라진 오골계
- <모두의 한 걸음> 전시회
- 벼 베기
- 운산100 시작
- 운동장 길이 재기
- 아홉 살 기수
- 복사꽃 마을
- 자전거 타기(1)
- 나는 우리나라가
- 자전거 타기(2)
- 울진 해양과학관
- 자전거 타기(3)
- 1부터 5
- 6부터 10
- 축구 보기 하루 전
- 축구 본 날

- 쓰레기 대청소
- 학끼오TV
- 한강 작가 책 두 권을 골라 내용 상상하기
- 운산 마라톤
- 친구란 무엇일까?
- 짚신 만들기
- 기수가 사라진다
- 두 번째 짚신 만들기
- 세 번째 짚신 만들기
- 기수 없는 이제그반
- 마지막 영상수업
- 꿈자람 발표회 리허설
- 꿈자람 발표회
- 자전거 타기(4)
- 이안 작가와의 만남
- 지한이의 김밥
- 아이스 스케이트
- 얼음 산책
- 구구단 아니면 구구콘으로 시 쓰기
- 나눔장터
- 마지막 운산100
- 마니또 뽑기
- 크리스마스 이브와 마니또 선물
- 위기철 작가와의 만남
- 자전거 시험
- 이제 열 살, 10대
- 안녕, 이제그반

3. 닫는 글 … 127
- 나의 글쓰기
- 이제그반 아이들에게 보내는 가족들 글 모음

[특별판] 도롱뇽 일기 … 136

작가소개

〈어이없는 김도훈〉

나는 여러 의미로 웃기다.

다른 친구들도
내가 웃기다고 한다.

나는 나 자신이 어이없다.
내가 생각한 말을 안 하고
다른 말을 자주 한다.

그리고
어떨 때는 내가 싫고
어떨 때는 내가 좋다.

나는 내가 좋다.

1. 주제 낱말로 시를 쓰고

〈나의 오른손〉

나는
밥도 오른손으로 먹고
글씨를 쓸 때도
오른손으로 쓴다.

주제: 손

〈악마의 의자〉

1학년 때 아현이가
내 의자에 팔을 부딪혔다.
아프겠다.

1학년 때 상현이도
발을 부딪혔다.
아프겠다.

주제: 발

〈아! 내 눈〉

나는 누나랑 놀다가
눈을 찔린 적이 있다.
아팠다.

누나는 눈이 나빠서
안경을 쓴다.
게임을 많이 해서다.

주제: 눈

〈모두의 상처〉

하린이 누나가 넘어졌다.
넘어져서 코를 다쳤다.
아프겠다.

나는 운동장에서
넘어진 적이 있다.
아팠다.

주제: 몸

〈행복한 밥 시간〉

나는 이렇게
밥을 먹고 싶다.

아침밥 먹고 간식 먹고
점심밥 먹고 간식 먹고
저녁밥 먹고 간식 먹고 야식 먹고

이렇게 먹으면
살찔 것 같다.

주제: 밥

〈편식〉

나는 미역국에
밥 말아먹는 걸
좋아한다.

된장국에 말아먹는 건
싫어한다.

주제: 국

〈나의 입맛〉

어제
맛있는 급식이 나왔다.
떡볶이가 나왔다.
맛있었다.

저번 주에는
오징어 튀김이 나왔다.

저번 주 수요일에는
볶음밥도 나왔다.
맛있었다.

지금은
치킨이 먹고 싶다.

주제: 맛

〈물귀신〉

산책을 갔다.

우리는 물에 들어가서
물귀신이 되었다.
물에 들어간 사람은
나, 상현이, 승우다.

물이 차가웠다.

물에 들어가서
도롱뇽 알을 얻었다.

주제: 물

〈누나 방〉

내 방에는
놀게 많이 없다.
그래서 난
안방에서 논다.

누나 방에는
놀 게 많다.
좋겠다.

나는 심심한데
누나 방에는
짐볼도 있고
장난감도 많다.

주제: 방

〈이놈의 문〉

할머니 집에 갔을 때
문에 손가락이 꼈다.

그때 내가 울다가
잠들었다고 했다.

많이 피곤했나보다.

주제: 문

〈지한이네 가게 벽〉

우리 집 벽은
하얀색이다.

지한이 가게 벽은
지한이 그림이 걸려있다.

벽 색깔은
우리 집과 다르게
갈색이다.

주제: 벽

〈이사갈 집〉

나는 곧 있으면
이사를 간다.

새 집에
빨리 가보고 싶다.

그러면 내 방에
침대가 생긴다고 했다.

주제: 집

〈변태들〉

요즘 학교에서
애들이 막 옷을 벗는다.
막 내복만 입고 다닌다.

봐줄 수가 없다.

주제: 옷

〈내 이〉

나는 실로
이를 뺀 적이 없다.

왜냐하면
이가 그냥
빠졌기 때문이다.

주제: 실

〈심부름 당번=누나〉

우리 누나
학교 어버이날 쿠폰에
신발 정리가 있다.

신발 정리!

주제: 신

〈줄넘기〉

우리 아빠는
줄넘기를 겨우
100번 했다.

유민이는
최대 176번을 했는데

우리 아빠 실력이
부족한 걸까?

유민이가
줄넘기를 잘하는 걸까?

주제: 줄

〈아파트 길〉

우리 아파트에서
산책을 하면
자작나무 길이 있다.

거기에 놀이터와
가까이 있는 길도 있다.

주제: 길

〈학교 운동장〉

학교에서
축구를 하다가 넘어졌다.

운동장에
돌이 많이 없어서
많이 안 다쳤다.

다행이다.

주제: 돌

〈안전한 흙〉

우리 학교
트리하우스 흙은 부드러워서
맨발로 다녀도 안 아프다.

신기하다.

주제: 흙

〈필살! 야금야금 전법〉

1학년 때
땅따먹기를 할 때
나는 아주
작게, 작게 했다.

이름하여
야금야금 전법이다.

그런데
내 땅이 제일 작았다.

대신 내 땅이
안 먹혔다.

주제: 땅

〈내 인생 망했다〉

학교에 비가 왔다.

비가 많이 와서
학교에 들어갔는데
넘어졌다.

어딜 가든 망하는 건가!

주제: 비

〈밝아져라, 햇빛!〉

나는
햇빛 밝은 날이
좋다.

나가서 놀기
좋기 때문이다.

주제: 빛

〈집 가자!〉

나는 1호차에서 내리고
누나랑 집에 간다.

누나랑 집에 가는 게
좋다.

주제: 가다

〈마을길 달리기〉

지난번에
마을길 달리기를 했다.

내가 2번째로 돌아와서
2등을 했다.

좋았다.

주제: 오다

〈내 몸 왜이래!〉

나는 조금만 서있어도
다리가 아프다.

나도 내 몸이
왜 이러는지 모르겠다.

싫다.

주제: 서다

〈조심 조심〉

우리학교 교장선생님은
걷지 않고 뛰면
혼낸다.

복도에서 뛸 거면
몰래 뛰어야 한다.

나는 오늘 뛰다가
교장선생님이 보여서
걸었다.

교장선생님이 가면
뛰었다.

주제: 걷다

〈잔소리〉

떡볶이 동아리를 하며
라볶이를 만들 때
기수한테 잔소리를
제일 많이 들었던 것 같다.

양이 너무 많아서
라볶이 면을
못 넣어서다.

싫었다.

주제: 듣다

〈기수 밀어!〉

여름방학 때
기수가 간 오키나와
이야기를 볼 때

기수가
절벽 같은 곳에 있는
사진을 보여줬다.

내가 이렇게 말했다.

아. 저기에서
기수를 밀어야 하는데!

주제: 밀다

〈나쁜 시우〉

1학년 때 시우가
승우, 지우 생일에만
선물을 주었다.

속상했다.

우리 생일에는
선물을 안 주고
지우, 승우 생일 때만
선물을 주었기 때문이다.

주제: 주다

〈먹지 마〉

오늘 아침 간식으로
카스테라를 먹다가
이상한 종이 같은 게
씹혔다.

엄마가
먹어도 된다고 했다.

잠시 후
먹으면 안 된다고 했다.

어쩐지
잘 안 씹히더니

주제: 씹다

〈웃긴 나〉

웃는 건
좋은 것 같다.

그래서 웃으면
복이 온다는 말도
있는 거다.

그래서 내가
웃게 해주는 거야,

이 친구들아~

주제: 웃다

〈냠냠 맛있는 코딱지〉

나는 코를 판다.집에서도 판다.

어느 날 누나가
왜 코를 파냐고
물어봤다.

나는 이렇게 말했다.

맛있으니까!

주제: 파다

〈자기 싫어〉

나는 자려고 할 때
자기 싫어서
아빠가 잘 자라는
말을 마치면
이렇게 말한다.

"수다 떨고 자자"
아빠는 "어떤 수다떨까?"

나는 그냥 아무 수다나
떨자고 한다.

주제: 자다

〈돈을 찾자〉

내가 아침에
300원을 주웠는데
그전에도,
그 전전에도
돈을 주웠다.

행복하고 기뻤다.

왜냐하면
돈을 줍는 건 운이니까.

왜 이렇게
돈을 떨어뜨리는
학생이 많은 거야?

주제: 찾다

〈거짓말쟁이 할머니〉

내 통장에
1,000만 원이 넘는다.

내가 꾸준히
모으지도 않았는데
이제야 이유를 알겠다.

돈이 없다면서
용돈을 주는
할머니 덕분이다.

돈이 없다면서
초등학교를 입학한다고
어떻게 100만 원을 주셨지?

주제: 모으다

〈과자집〉

나와 누나와 아빠는
과자집을 만들었다.

진짜 맛있어 보였는데
진짜 맛있었다.

또 먹고 싶다.

주제: 만들다

〈고무줄 무셔〉

장난으로
손가락을 고무줄로 묶었다.

안 풀려서
깜짝 놀랐다.

피도 안 통해서
무서웠다.

다행히도 풀렸다.

손가락으로 고무줄을
살살 올려서 뺐다.

휴~

주제: 묶다

〈바이킹〉

놀이공원에서
바이킹을 타고 놀았다.

두 번 탔다.

내가 소리를 너무 질러서
집에 가서 목이 쉬었다.

주제: 놀다

〈물을 담자〉

해양소년단을 할 때다.

밖에서 씻을 때
물이 안 나와서
비닐봉지에 물을 담아
뿌려서 씻었다.

불편했다.

왜 비닐봉지로 했냐면
다른 방법이 없고
비닐봉지가 내 눈에 보였다.

그래서 했다.

힘들고 짜증났다.

너무 싫었다.

주제: 담다

〈어휘 맞춤법 띄어쓰기〉

상현이가 이렇게 말했다.

어휘 맞춤법 띄어쓰기
완전 찢어버리고 싶다!

나도 약간 그렇다.

어휘 맞춤법 띄어쓰기가
얼마나 싫은 거냐?

주제: 찢다

〈검은 옷〉

검은 옷을 입고 온
애들이 많다.

지한이, 현태, 승우, 지우가
검은 옷을 입고 왔다.

요즘 학교에
검은 옷이 유행인가?

주제: 검다

〈대학교〉

우리 학교는 작아서
다른 학교가 커 보인다.

대학교에 갔더니
엄청 컸다.

대학교가 제일 크네?

주제: 크다

〈스프링〉

누나와 나는
내가 산 스프링 장난감이
얼마나 긴지 궁금해서
시작점과 끝부분을 잡았다.

뒤로 가면서 늘렸는데
너무 길어서
우리 집 길이만 했다.

신기했다.

주제: 길다

〈옷〉

1학년 때
나와 지한이가
옷이 똑같았다.

파란색 옷이었다.

바지는 기억이 안 난다.

옷이 똑같아서 신기했다.

주제: 같다

〈쨍쨍한 햇볕〉

나는 하늘이 맑고
구름이 약간 있고
햇볕이 쨍쨍한 날이
제일 좋다.

왠지 그러면
주말 느낌이 난다.

그게 바로
지금 같은 날씨다.

주제: 맑다

〈달다〉

단 음식을 좋아한다.

단 게 맛있다.
달면 달수록 좋다.

그래도 너무 달면

맛이 없다.

주제: 달다

〈다리 패딩〉

지금이 11월
초겨울인데
왜 이렇게 춥지?

막 2도까지
내려간다.

그래서
패딩까지 입는다.

문제가 있다.
다리만 춥다.

왜 다리 패딩은
없는 거야?

내가 크면
만들어야지

주제: 춥다

〈학교 늦었다!〉

예전에 늦잠을 자서
버스를 놓쳤다.

엄마 차로 학교에 왔다.
근데 기수가 더 늦었다.

늦는 사람=기수

주제: 늦다

2. **글똥누기**를 모아모아 **책**을 만들다.

〈미션! 떡 돌리기〉

  떡 돌리기를 했다. 참새 시체도 봤다. 아현이의 신발이 물에 빠지기도 했다. 하지만 승우가 신발을 꺼냈다. 할아버지가 두유를 주었지만 나는 받지 않았다. 아현이는 한 쪽 신발이 없어서 선생님이 업어주었다. 좋았다.

주제: 새 학기 떡 돌리기

〈좋은 양보〉

 나는 집에서 양보를 많이 한다. 학교에서도 양보를 한 적이 있다. 양보를 하기 싫을 때도 있고 양보를 할 때도 있다. 그리고 양보를 받을 때도 있다. 양보는 참 좋은 것 같다. 그리고 나는 남들이 부탁을 하지 않았을 때도 양보를 할 때가 있고 부탁을 할 때도 양보를 한다.

주제: 양보란 무엇일까?

〈그리운 1학년〉

 1학년 때에 우리 반은 즐거운 1학년 반이었다. 친구들과 노는 게 즐거웠다. 술래잡기, 팔자 술래잡기 그리고 얼음 땡 하는 게 가장 즐거웠다. 1학년 때가 즐겁고 좋았다. 1학년 1학기 때는 친구들과 약간 어색했다. 하지만 2학기 때는 그렇지 않았다. 1학년 때도 2학년 때도 즐거운 건 똑같다.

주제: 1학년 때 우리반은?

〈우리는 2학년〉

  우리 반은 조용한 반이 되면 좋겠다. 친구들이 너무 시끄러운 것 같다. 그래서 조용한 반이 되면 좋겠다. 왜냐하면 친구들이 안 싸우면 좋기 때문이다.

주제: 2학년 때 우리반은?

〈다이빙〉

  산책을 갔다. 버섯도 봤다. 나는 일부러 물에 들어갔다. 상현이와 승우도 그랬다. 양말과 신발이 다 젖었다. 산에서는 산소, 제사상과 묘도 봤다. 양말은 지금 말리는 중이다. 도롱뇽 알도 봤다. 상현이가 팬티와 내복을 보여줬다. 상현이는 팬티도 젖었다. 나는 바지도 젖었다. 나와 상현이와 승우는 물귀신이 되었다. 그래도 산책은 즐거웠다.

주제: 산책

〈내 동아리〉

  동아리를 정했다. 동아리 후보는 축구 동아리, 음식 만들기 동아리, 피구 동아리, 게임 동아리, 테니스 동아리가 있었다. 친구들이 자꾸 할 것을 바꿔서 정하기 어려웠다. 음식 만들기 동아리와 축구 동아리가 됐다. 나는 피구 동아리를 말했다. 그런데 친구들이 바꿔서 축구동아리와 음식 만들기 동아리가 된 거다. 아쉽다.

주제: 동아리 시작

〈비밀기지 건설〉

 비밀기지에 눈이 쌓였다. 처음에 승우만 따라갔는데 갑자기 비밀기지라며 비밀기지에 나도 모르게 갔다. 선생님은 비밀기지에서 노는 게 조금 위험하다고 했다. 재미도 있고 안전하기까지 하면 일석이조겠다. 나도 놀려고는 안 했지만 재미있었다. 오늘 아침에 눈이 와서 아침에는 비밀기지에 못 갔다. 많이 안전하면 좋을 텐데. 논물도 깨끗하고 거머리도 없고 가시나무도 없고 위험한 생물도 없고 차들도 다니지 않으면 좋을 텐데...

주제: 비밀기지

〈감자 편식〉

  지한이가 빵을 가져왔다. 무슨 빵인지 물어봤더니 감자빵이라고 했다. 선생님이 한입만 먹어보라고 했다. 생각보다 감자 맛이 많이 나진 않았다. 들어간 재료는 빵, 감자, 오이, 옥수수라고 했다. 맛있었다. 나는 감자를 별로 안 좋아하는데 맛있었다. 신기하다.

주제: 지한이의 감자 샌드위치

〈안녕하세요, 작가님!〉

 안은영 작가님과 만났다. 처음에는 어색했지만 다음에는 괜찮았다. 안은영 작가님을 모시고 교실로 가서 수업을 했다. 그 다음에는 밥도 같이 먹었다. 그런 다음 수업을 끝내고 갔다. 즐거웠다.

주제: 안은영 작가와의 만남

〈파충류들〉

  파충류 카페로 현장 체험학습을 갔다. 도마뱀과 뱀과 거북이와 미어캣과 고양이가 있었다. 참고로 파충류 카페에 가기 전에 서점에도 들렀다. 파충류 카페에서는 밥 주기 체험과 만지기도 했다. 파충류 카페가 재미있었다. 뱀을 어깨에 올려놓기도 했다. 느낌이 이상했다. 다행히 물진 않았다. 어떤 도마뱀은 꼬리가 되게 따가웠다. 거기에서 아이스 초코도 먹었다. 서점에서 책도 샀다. 양서류와 파충류에 대한 책이다.

주제: 파충류 카페

〈나는 화가〉

　벽화 그리기를 했다. 기수 쌤을 죽은 모습으로 그렸다. 도롱뇽과 나무를 그렸다. 벽화 그리기를 할 때 너무 춥지도 않고 덥지도 않았다. 어렵지도 않고 재미있었다. 벽화 그리기가 끝나고 우리는 이런 노래를 불렀다. '김기수는 늙어서~ 곧 있으면 죽고요~ 이제그반 친구들에게~ 약을 올렸대요~ 샤바샤바 아이샤바 나쁜 김기수~ 샤바샤바 아이샤바 불쌍한 이제그반~'

주제: 벽화 그리기

〈밥 좀 주소〉

 내가 생각하는 가난은 옷이 없고 집도 없고 돈도 없고 식량도 없는 거다. 가난은 돈이 없는 거라고 생각하기 때문이다.

주제: 가난이란 무엇일까?

〈단오장 출발〉

 단오장을 갔다. 수리취떡을 두 개나 먹었다. 맛있었다. 공연도 봤다. 뱃지도 만들었다. 승우는 창포물에 머리감기를 했다. 현태와 지한이는 부채 만들기를 했다. 단오제에 가서 좋았다. 교실에 오니 뱃지가 안 보인다. 기수가 아이스크림도 사줬다. 고맙다고 전~혀 안 말했다.

주제: 단오장

〈바이바이, 아홉 살 인생〉

 비오는 날 에피소드가 생각난다. 여민이는 집이 떠내려갈까 봐 비오는 날이 싫다던데. 나는 그런 적은 없지만 비오는 날 습한 기분이 되게 싫다. 사랑이란 귀찮은 것 에피소드가 생각난다. 여민이도 사랑을 귀찮아하는 것 같은데 나도 누군가 나를 사랑한다면 나도 되게 귀찮을 것 같기 때문이다.

 읽기 전에 힘들고 어려울 것 같았지만 읽을 때는 꽤 재밌었다. 다 읽었을 때는 뿌듯하고 좋았는데 글쓰기 하는 게 너무 싫었다. 영화를 바로 안 봐서 싫었다. 영화는 재밌겠다. 영화를 오늘 다 볼 수 있을까? 겨우 다 읽었는데 영화를 오늘 다 보면 좋겠다.

주제: <아홉살 인생> 끝

〈편집한 건가?〉

　〈아홉 살 인생〉 영화를 다 봤다. 책에 없는 내용도 있었다. 책에 있는 인물이 안 나오기도 하고 책에 없던 인물이 나오기도 했다. 예를 들자면 토굴 할매와 풍뎅이 영감이 안 나왔고 반장이 나왔다. 영화에 나온 여운이가 아현이를 닮았다. 책에 없는 내용이 나와서 신기했다. 승우, 지우는 승마체험을 하다가 〈아홉 살 인생〉 여민이 배우 아빠를 만났다고 했다. 신기하다. 간식도 먹으면서 봐서 더 좋았다. 나는 포카칩을 가져왔다.

주제: 영화 <아홉 살 인생>

〈여름방학 동안의 일〉

　여름방학에는 이모집에 갔다. 이모집은 거의 새 집이라 아주 아주 좋았다. 자연사 박물관, 어린이 박물관, 미술관도 갔다. 수영장도 방학동안 3번 정도 갔다. 수영장도 이모집도 재밌었던 건 똑같다. 하지만 그 중 자연사 박물관이 제일 재미있었다. 왜냐하면 내가 생물을 아주 아주 좋아하기 때문이다. 방학 숙제가 많아서 힘들었지만 방학동안 즐거웠다.

주제: 여름방학의 일

〈시험을 보자〉

　지난번 시험을 보기 전에 소식도 없이 시험을 본다고 했다. 갑자기 그래서 조금 놀랐지만 생각보다 쉬웠다. 시험을 볼 때 나한테 도움을 많이 요청했던 것 같다. 시험이 좀 많이 쉬워서 이상했다. 도움을 주는 것 중에서도 지한이 도와주는 게 가장 힘들었다. 말을 해도 못 알아들어서다. 뭐 사람마다 다른 거겠지. 시험 점수는 알려주지 않았다. 왜인지는 나도 모르겠다. 기다리고 있을 때는 심심해서 수학 문제지를 뽑아달라고 했다. 첫 번째는 쉬웠는데 두 번째가 어려웠다. 두 번째건 이랬다. 5764-3839+2754= 이 정도였다. 알고 보니 3학년 문제였다. 이건 너무 한 거 아니냐고! 오늘 본 시험지가 지난번에 본 시험지랑 똑같은 거였다! 그래서 똑같이 쉬웠다.

주제: 갑자기 시험

〈영화 촬영 하루 전〉

　내일이 드디어 영화 촬영이다! 긴장된다. 그래도 연습을 했으니까 괜찮을 것 같다. 기수가 태웅이, 소연이 배우한테 어떻게 인사할 거냐고 물었다. 나는 이렇게 말했다. "안녕?" 다른 애들한테도 기수가 물어봤다. 다른 애들도 안녕이라고 한 사람이 제일 많았던 것 같다.

　어제 나는 누나한테 이렇게 말했다. "누나, 나 스타 된다!" 나는 솔직히 까마귀(까메오)로 나오는 거긴 하다.

　솔직히 영화 촬영하기 싫다. 나는 집에 있고 싶다.

주제: <굴러가는 태웅이> 촬영 하루 전

〈영화 촬영〉

   영화 촬영을 하기 전에 집에서는 긴장됐지만 실제로 할 때는 괜찮았다. 꼭두각시 춤을 출 때는 힘들었지만 쉬는 시간에 좋았다. 쉬는 시간에 피구, 간식 먹기를 했다. 12~1시에는 점심을 먹었다. 점심은 맘스터치 햄버거 세트였다. 나는 햄버거를 안 좋아하지만 맛은 있었다.

   두 번째 날에는 야외촬영을 해서 더욱 더 힘들었다. 그래도 좋았다. 태웅, 소연 배우는 6학년 반에 있었다. 나는 2학년 반에 들어가 책을 읽고 있었는데 한 2시간 뒤에서야 영화 촬영을 했다. 영화 촬영을 하려고 하자 딱 맞춰서 아현이가 왔다. 아현! 굿 타이밍! 잠시 후 다른 친구들은 다목적실로 가서 나와 지우만 남았다. 지우와 나는 더 촬영을 했다. 나와 지우는 제일 잘 한다고 결승선을 잡아야 했다. ㅠㅠ 마치고 다목적실에 들어갔더니 현태와 승우가 기수한테 혼나고 있었다. 이야기를 들어보니 현태가 승우한테 공을 던졌는데 승우가 그 공을 찼고 현태가 위협을 했다고 들었다. 그러고 나서 잠시 후 현태가 실수로 비상등을 깼다.

주제: <굴러가는 태웅이> 촬영

〈찰칵! 영상 촬영〉

  영상촬영을 했다. 한 명은 인터뷰, 한 명은 대답, 한 명은 찍기. 이렇게 영상촬영을 했다. 주제는 〈굴러가는 태웅이〉다. 나는 제이를 찍었다. 제이를 찍고 나서 보니 제이를 찍은 게 없어져 있었다! 맙소사! 나는 다시 제이를 찍었다. 알고 보니 지한이네 팀은 지한이가 슬로우로 영상을 찍었다. 아이고 지한아~ 그렇게 지한이네 팀은 5교시 때 다시 하기로 했다.

주제: 첫 영상수업

〈송편 시식〉

　송편 만들기를 했다. 반죽을 만들 때는 5번씩 돌아갔다. 송편을 빚을 때는 반죽이 조금 부족해서 작은걸 만든 적도 있었다. 다 만들고 먹었더니 진짜 맛있었다. 내가 만들어서 더욱 더 맛있었다. 고소하고 달달했다. 노인회관에도 나눠주었다. 안에 들어가니 애들이 TV를 봤다. 송편을 주니 다들 기뻐했다. 교실로 돌아갈 때 난 홀딱 젖어있었다. 우산을 안 쓰고 왔기 때문이다. 실습실에서 제대로 송편을 먹었다.

주제: 송편 빚기

〈나를 보자〉

　우리는 최근에 〈굴러가는 태웅이〉 릴레이 응원영상을 찍었다. 그걸 오늘 봤다. 지한이는 자신이 나온 걸 볼 때 부끄러웠나보다. 지한이가 자신을 볼 때 귀를 막았었다. 제이도 부끄러웠나보다. 제이는 옷으로 얼굴을 감췄다. 사실 나도 내가 나왔을 때를 보니 좀 부끄러웠다. 나도 다른 친구들도 다들 잘 나온 것 같다. 우리 모두가 나온 영상을 보니 재밌었다.

주제: 내가 찍은 영상 보기

〈게임 좋아〉

  추석이 시작될 때 엄청 신났다. 영주에 있는 할머니 집에 갔다. 가는데 3시간 정도 걸렸다. 다리가 저려 죽는 줄 알았다. 가서 저녁을 먹고 게임을 2시간 정도 했다. 재미있었다. 다음 날은 24시간 할머니 집에 있었다. 게임을 다 합쳐서 7시간 정도 했다. 그날은 사촌 친구인 시호도 왔다. 강아지 똘똘이 간식도 줬다. 다음 날에는 게임을 1시간도 못했다. 집으로 돌아갔기 때문이다. 반은 아쉽고 반은 행복했다. 할머니가 내 생일을 잊어서 미안하다고 10만 원을 주셨다. 우리가 집으로 가서 아쉬워서 10만 원을 또 주셨다. 그래서 총 20만 원을 주셨다. 나이스~

주제: 추석

〈실종〉

 오골계가 실종됐다. 삵한테 잡혀갔니, 아니면 가출을 했니? 제발 다시 돌아오렴. 지우의 분신이여! 오골계를 찾으러 갔는데 찾지 못했다. 돌아오니 닭이 운다. 친구가 없어 슬프니 아니면 우리에게 위치를 알려주는 거니?

주제: 사라진 오골계

〈돼지한〉

하라 엄마가 차린 모두의 한 걸음 전시회에 갔다. 친환경 전시회라 쓰레기로 만든 작품이 많았다. 참 대단하다. 나라면 엄청나게 이상하게 만들 텐데. 다른 사람들은 엄청 잘 만들었다. 부럽다. 나도 바다 쓰레기 줍는 건 재미있어서 할만한 것 같다. 환경을 지키자는 마음은 나도 가지고 있다. 무료로 지구 달력과 스티커를 받았다. 하봄이, 하라, 하연이 누나 그림도 있었다. 무료로 아이스티도 받았다. 고마웠다. 지금 이걸 쓰면서 지한이는 아이스티를 다 먹었다. 잘도 먹네!

주제: <모두의 한 걸음> 전시회

〈이 녀석, 정체가 뭐야?〉

 벼 베는 걸 보니 두 개의 입으로 먹고, 돌아가는 날카로운 이빨로 자르고, 빠르게 소화시키고 싸는 것 같다. 돌아가는 다리로 돌아다니면서 벼를 다 먹어치우는 편식쟁이다. 뱉어내는 이상한 녀석. 도대체 정체가 뭐냐? 그만 좀 뱉어라. 얼마나 많이 먹은 거야? 어차피 뱉을 건데 쌀만 먹는 편식쟁이. 근데 왜 코로 뱉냐? 더럽게. 먹고 가만히 있는 게으름뱅이 녀석아.

주제: 벼 베기

〈운산100 싫어〉

 운산100을 했다. 그전에도 네 번 정도는 했었다. 우리 팀은 11~15까지 해야 하는데 11, 12, 14만 다 했다. 은원이는 딴 짓만 하는 것 같다. 기수가 은원이에게 왜 딴 짓을 하냐고 하면 은원이는 할 게 없다고 한다. 그러면 기수가 우리 팀 2학년에게 할 일 없다는데? 라고 말한다. 그러면 나는 은원이한테 일을 시킨다.

 나는 운산100이 싫다. 왜냐하면 내가 2학년이니 1학년도 챙겨야 한다. 어깨가 무거운 느낌? 아무튼 1학년을 챙기는 게 힘들어 싫다. 그나마 팀 이름이라도 기수가 아니라 혜경에 포함되어 좋다. 기수는 싫으니까.

주제: 운산100 시작

〈아, 힘들어〉

 운동장 길이 재기를 했다. 너무 힘들었다. 우리 팀은 줄자를 사용했다. 줄자를 써서 쉬울 줄 알았지만 많이 틀렸다. 실제 길이가 38.8미터였다. 세 번 했는데 다 안 되다니. 하는데 오차가 많이 나서 그랬다. 대충 삐뚤어지거나 계산을 잘못하는 그 정도. 그래도 해보니까 뿌듯하다. 점심시간에 어떻게 할지 고민하고 있을 때 미희 쌤이 꿀팁이라는 걸 줬다. 기수한테 얘기하지 말라고 했지만 우리는 솔직하게 말했다. 그것 덕분에 잘 됐다. 미희 쌤 감사합니다.

주제: 운동장 길이 재기

〈아홉 살 기수 녀석〉

 어린 기수를 봤다. 어린 기수는 귀여운데 실제는... 변성기가 찾아오면 목소리와 생김새가 이상해지는 건가? 5학년 때 살이 쪘다고 했다. 지금은 더욱 더 많이 찐 것 같다. 어린 기수가 우리 반에 있어도 잔소리를 많이 할 듯. 어린 기수랑 지금 기수랑 너무 비슷하다.

주제: 아홉 살 기수

〈내 노력〉

 복사꽃 마을에 갔다. 갯벌 장화를 가져왔다고 자랑했다. 원래 비밀기지 때문에 가져온 건데 여기에서 쓸 줄이야. 벼 베기 체험을 하기 위해 갯벌 장화를 입었다. 하지만 논에 물이 하나도 없었다. 안돼! 내가 직접 하는 줄 알았는데 농부 할아버지와 같이 벴다. 그러면 나야 좋긴 해~ 바로 배를 따러 가는 게 아니라 탈곡으로 쌀을 털어내고 가는 거였다. 날아가는 쌀알을 잡으면 첫사랑이 온다길래 나도 잡아보려고 했는데 못 잡았다.

 이제 배를 따러 갔다. 나는 아무 배나 괜찮아서 아무거나 바로 골랐다. 좀 따기 힘들었다. 겨우 땄는데 가지와 잎이 붙어있었다. 또 땄는데 배가 떨어졌다. 뭐 괜찮겠지~

주제: 복사꽃 마을

〈따르릉! 따르릉!〉

 첫 번째 자전거 타기를 했다. 나는 두발자전거를 잘 못 타서 좀 힘들었다. 지우와 상현이의 도움을 받았는데 지우 도움이 더 좋았다. 상현이의 도움은 도움 같지도 않았다. 상현이한테 도움을 청했는데 자전거를 바꾸라고만 했다. 다음에 자전거를 탈 때는 더 잘해봐야겠다. 그래서 아빠와 두발자전거 연습을 해야겠다.

주제: 자전거 타기(1)

〈통일을 원한다!〉

　우리나라가 빨리 북한과 통일하면 좋겠다. 언제 전쟁이 일어날지 몰라 무섭다. 우리나라가 환경을 깨끗하게 만드는 나라가 되면 좋겠다. 산책할 때도, 학교 갈 때도 쓰레기가 보인다. 우리나라도 환경을 깨끗하게 만들면 지구 환경이 쪼~끔이라도 깨끗해지지 않을까 해서 그렇다. 나는 우리나라가 발전이 잘 된 나라가 되면 좋겠다. 군사력 발전, 과학 발전 등 모든 발전이 다 된 나라가 되면 좋겠다. 그렇게 되면 우리나라가 힘도 세지고 좋은 물건도 많이 나오니까 좋을 것 같다. 그래서 나라를 크게 만들면 좋겠다.

주제: 나는 우리나라가

〈자전거를 타자〉

 세 번째 자전거를 탔다. 지한이는 두발자전거 타기를 성공했다. 축하해 지한아. 현태도 곧 있으면 잘 탈 것 같다. 나도~ 우리가 곧 있으면 닭강정을 먹을 수도? 잘 타는 친구들이 부럽다. 하지만 더 연습하면 나도 잘 탈 것 같다. 그래도 내가 자전거 타는 게 기쁘다.

주제: 자전거 타기(2)

〈체험학습이다!〉

　울산 해양과학관에 갔다. 버스에서 1시간 정도 시간을 보냈다. 지우와 끝말잇기를 하고 지우 만화책을 보기도 했다. 간식도 먹고 껌도 씹었다. 한 번 가봤던 곳이라 익숙했다. 자유시간도 많아서 좋았다. 가본 곳이지만 못 본 것도 많았다. 게임 같은 것도 많이 있어서 재미있었다. 바다 생물을 그리고 이름을 정해보는 게 있었는데 현태는 이상한 보노보노, 상현이는 괴생명체, 지한이는 괴생명체 해말이라고 했다. 애들은 무슨 이딴 식으로 바다 생물을 만들었지? 아예 바다 생물이 아니다. 바다 전망대가 그냥 바다에 있는 전망대인 줄 알았는데 바닷속을 볼 수 있는 전망대라니! 아주 좋았다. 놀이터에 있는 미로를 세 번 해서 뱃지가 세 개다. 포춘쿠키도 세 개를 받았다. 아주 아주 좋았다.

주제: 울진 해양과학관

〈내 자전거 타기ㅠㅠ〉

 자전거를 못 탄다. 아침에 오늘만 연습 하면 된다는 생각으로 왔는데 애들이 자전거를 안 타더라. 공사를 해서 속상하고 아쉽다. 두발자전거를 탈 기회가 날아갔다. ㅠㅠ 자전거를 트리 하우스에서 타볼까?

주제: 자전거 타기(3)

〈3겹살과 5겹살〉

3겹살2 맛있을까
5겹살2 맛있을까?

나는 3겹살만 먹어서
5겹살은 모르겠다.

주제: 1부터 5

〈6사〉

나는 6개장 사발면을 줄여
6사라고 말한다.

나는 6사를 많이 좋아한다.

아, 88 끓는
6사가 먹고 싶다.
6사는 엄마가 끓여준다.

내가 하다간 77맞게
사9를 7지도 모른다.

주제: 6부터 10

〈축구〉

 내일은 강원FC 축구를 보러 간다. 기대된다. 축구 볼 때 내 옆 자리는 하라다. 다행히 우리 줄은 기수가 없다. 어제 자황의 깃발과 세러데이 나이트를 외웠다. 등번호도 외웠지만 다 까먹었다. 머릿속에 지우개가 들어있나? 제발 이기면 좋겠다. 지면 우리의 노력이 사라져버리기 때문이다.

주제: 축구 보기 하루 전

〈화이팅! 강원FC!〉

   강원FC 축구경기를 봤다. 1:0으로 이겼다. 어제 그저께 지한이는 매점부터 찾았다. 난 매점에서 빠삐코를 사먹었다. 우리 팀도 골 먹힐 뻔한 일이 많았지만 다 극복했다. 다행이다. 나중에도 강원이 이기면 좋겠다. 또 경기를 볼지 모르겠지만. 아무튼 이기면 좋겠다. 나중에는 1위를 기원하며 응원해야겠다. 그러다가 목이 쉬는 건 아니겠지?

주제: 축구 본 날

〈대청소다!〉

　아침에 대청소를 했다. 힘들었다. 처음에는 그냥 빗자루로 쓸었지만 갑자기 대청소가 되었다. 온갖 이상한 쓰레기가 나왔다. 식혜, 숟가락 등등 너무 싫었다. 지금 보니 기수 자리가 제일 더러운 것 같다. 아현이는 손에 냄새가 밴 것 같다고 했다. 그래도 깨끗해진 이제 그반을 보니 좋다. 지우는 옷이 검은색이 되었다. 내 옷은 이미 검은색이라 그럴 일은 없다.

주제: 쓰레기 대청소

〈우리의 모습〉

 우리가 했던 일을 영상으로 봤다. 다시 보니 웃긴 장면이 많았다. 승우가 물에 들어간 장면, 상현이가 물에 빠진 장면이 재미있었다. 승우를 설명할 때마다 나오는 승우 모습이 웃겼다. 기수 모습도 웃겼다. 간식을 먹으면서 봐서 더 좋았다. 우리가 축구경기를 본 사진도 있던데 어떻게 찍은 거지?

주제: 학끼오TV

〈채식주의자〉

  주인공인 누군가가 어느 날 갑자기 채식을 하게 된다. 채식주의자라는 제목을 보고 생각했다.

〈작별하지 않는다〉

  빙하가 녹아서 해수면이 상승해 주인공이 사는 나라가 잠겨 주인공이 환경을 위한 일을 하는 내용이다. 표지에 있는 그림 속 빙하를 보고 생각했다.

주제: 한강 작가 책 두 권을 골라 내용 상상하기

〈달려라! 마라톤〉

　마라톤을 했다. 나는 누나와 서은이 누나와 하린이 누나랑 산책을 했다. 뛰기도 했다. 경포호수 한 바퀴가 꽤나 길었다. 나는 H자 건물을 반 정도로 정했다. 현태가 1등을 했다. 대단하다. 승우는 우리가 간식과 트로피를 다 받고 왔다. 작년 트로피보다 지금 트로피가 더 퀄리티가 좋았다. 우리 엄마가 산 거다. 엄마가 잘 샀네. 나는 가끔 있는 학부모님들을 볼 때마다 좋아했다. 왠지 가까워진 느낌이 들었다. 뽑기도 했다. 1번을 뽑았다. 1등이라고 했다. 휴지였다. 솔직히 있으면 좋지만 좀 별로다. 누나가 뽑은 시리얼이 더 좋아보였다.

주제: 운산 마라톤

〈우리의 친구〉

　피구를 했다. 제이와 지한이 없이 친구들과 피구를 했다. 나는 우가우가 춤을 췄다. 상대 친구가 어이없어했다. 우리 팀 모두 우가우가 춤을 췄다. 싸움 없이 피구를 잘 끝냈다. 승부는 가려지지 않았다. 상현이는 어이없게 아웃됐다고 했다. 상현이는 교실에 와서도 "안 맞았는데, 안 맞았는데" 거렸다. 재미있었다. 친구들이 없었으면 우리는 피구를 못 했을 것이다. 친구는 같이 친해지면서 같이 놀고 웃고 슬퍼하는 거다. 그게 진정한 친구다. 나도 그런 친구가 되어야지.

주제: 친구란 무엇일까?

〈짚신을 만들자〉

 짚신을 만들기 위해 우리가 벤 벼를 새끼를 꼬았다. 꽤나 힘들었다. 5명의 할아버지와 같이 했다. 새끼 꼬기를 해 본 지한이가 잘 했다. 계속 벼를 봐서 너무 힘들었다. 온 세상이 벼인 줄 알았다. 손이 너무 아팠다. 처음에는 어려웠지만 점점 쉬워졌다. 할아버지들도 친절했다. 나중에 짚신까지 만들고 싶다.

주제: 짚신 만들기

〈잘가라 기수〉

 기수가 2주 동안 안 온다. 우리 모두 기뻐했다. 아이들은 이상한 말을 퍼부었다. 나도~ 왠지 2주동안 글쓰기를 안 할 것 같다. 기수는 "과연"이라고 말했다. 왠지 다시 할 것 같다. 그래도 기수보다는 백 배, 천 배 낫다. 기수야, 빨리 가라. 그래야 우리가 행복하다. 네가 가면 아현이가 활짝 웃는다. 아마 우리는 웃음꽃이 필 것이다.

주제: 기수가 사라진다

〈새끼꼬기 지옥〉

 두 번째 볏짚 공예를 했다. 오늘도 새끼꼬기다. 나는 짚신을 못 만들 것 같다. 내 실력이 부족해서다. 짚신 대신 달걀 넣는 것을 만든다. 달걀 대신 공룡 장난감을 넣었다. 지한이는 진도가 빨라 달걀을 넣었다. 달걀이 잘 빠진다. 그래서 진짜 달걀을 넣었다간 깨트릴 것 같다. 볏짚 공예를 할 때마다 손이 힘들다. 하지만 재미있다. 다음 날이 마지막 볏짚공예다. 다음번에는 더욱더 열심히 해야겠다. 전광석화 속도로 하면 할 수 있을지도?

주제: 두 번째 짚신 만들기

〈나는 짚신을 못 만들었다〉

  마지막 볏짚공예였다. 마지막까지 재미있었다. 이번에는 잘하고 싶었는데 볏짚으로 줄넘기도 못 만들었다. 너무 짧았다. 승우는 짚신을 못 만들었다며 싫어했다. 나는 사실 짚신 만들 생각도 없었다. 나의 목표는 줄넘기였는데. 볏짚공예가 끝나고 청소를 해야 하는데 승우가 계속 안 했다. 너무했다.

주제: 세 번째 짚신 만들기

〈기수 없는 이제그반이 좋아〉

기수 없는 이제그반은 팥 없는 붕어빵이다.

김기수 쌤이 보고 싶다. 아주 착한 김
기수 쌤이 그립다. 다시 돌아와 주세요. 김기
수 쌤 옛날에는 그랬지만 이제는
바보라고 안 하겠습니다. 김기수 쌤 더는 바
보라고 안 할 테니까 당장 돌아와요.
메롱이라고도 안 하고 잘해주고 메
롱이라고 절대 안 할게요. 기수 쌤
이라고 할 줄 알았지? 너는 오면 이
녀석이라고 할 거야. 감히 이녀
석! 글쓰기를 시켜?

아 맞다. 이거 세로로 읽는 거임.

주제: 기수 없는 이제그반

〈벌써 영상수업이 마지막이라고?〉

  처음 시작한 게 어제 같은데 아쉽다. 처음에 굴러가는 태웅이 릴레이 응원 영상부터 도롱뇽 노래까지 한 달 동안 재미있었고 뿌듯하고 좀 힘들었다. 마지막까지 재미있었다. 마지막에 우리가 만든 응원 영상, 도롱뇽 노래, 인터뷰 모두 되돌아봤다. 뿌듯하고 아쉬웠다. 벌써 끝나서 아쉬웠고 우리가 이만큼의 일을 해내서 뿌듯하다. 나중에 영상수업을 또 하고 싶다.

주제: 마지막 영상수업

〈리허설 준비〉

 꿈자람 발표회를 하기 전에 리허설을 했다. 첫 번째 공연은 못 봤다. 우리가 늦어서다. 우리 공연은 10번이다. 마침 우리 누나가 공연을 하고 있었다. 흥부와 놀부 공연이었다. 승우는 하음이 형과 제로투를 췄다. 승우는 마라탕후루까지 췄다. 너무 웃겼다. 우리가 연극할 때는 너무 긴장됐다. 승우도 이런 느낌이었을까? 리허설이 끝나고 3학년 반에 가서 체험까지 했다. 아주 좋았다.

주제: 꿈자람 발표회 리허설

〈긴장되는 꿈자람 발표회〉

  꿈자람 발표회를 했다. 처음에는 아주 긴장되었다. 학부모가 보고 있어서 더 긴장되었다. 우리는 10번이다. 10번까지 시간이 꽤나 걸렸다. 다른 학년이 모두 다 잘했다. 우리도 잘 할 수 있을까 걱정되었다. 지우와 제이는 모찌송을 불렀다. 지우와 제이가 잘하는걸 보고 우리도 잘할 수 있을 것 같아 자신감이 생겼다. 우리 차례가 되었다. 긴장됐다. 우리 엄마가 보고 있으니 부끄럽기도 했다. 약간 틀린 것 같지만 그냥 지나갔다. 생각보다 순조롭게 진행됐고 잘 마무리했다. 아주 다행이었다.

  우리 엄마는 밴드를 했다. 엄마는 보컬이다. 누나는 부끄러워서 귀를 막았다. 중간에 엄마가 거지한테 돈을 주듯 ABC 초콜릿을 뿌렸다. 나는 못 받았다. 누나도 못 받았다. 나는 우리 엄마가 노래를 불러도 부끄럽지 않았다. 엄마도 잘 마무리했다. 꿈자람 발표회가 끝나고 승우, 지우 엄마가 마카롱을 줬다. 풍선도 받았다. 간식도 받았다. 받은 게 엄청 많아서 가방에 다 넣지도 못했다.

주제: 꿈자람 발표회

〈오랜만에 자전거다〉

 연습을 안 해서 처음으로 돌아간 느낌이었다. 현태는 자전거를 탔다. 나도 열심히 타면 되겠지? 앞으로 열심히 연습해야지. 마지막에 자전거 술래잡기를 하자고 했다. 기수가 반칙을 했다. 자전거가 못 올라가는 곳에 갔다. 기수는 나쁘다. 내일 또 혼내줘야지!

주제: 자전거 타기(4)

〈이안 작가님〉

　이안 작가님과의 만남을 했다. 나는 문제를 맞춰 선물을 두 개나 받았다. 선물은 고무줄이었다. 선물을 받을 때 이안 작가님이 "기이이이뻐!"라고 말하며 고무줄을 놓았다. 아팠다. 아팠지만 선물을 받은 나도 기이이이뻐!

주제: 이안 작가와의 만남

〈맛있는 지한이네 김밥〉

 지한이가 김밥을 가져왔다. 나는 점심시간만 기다렸다. 지한이의 김밥이 기대됐다. 한 개 먹었더니 엄청 맛있었다. 마치 장사를 해도 될 것 같다.

주제: 지한이의 김밥

〈겁쟁이 지한〉

　스케이트를 탔다. 오랜만에 체험학습이다. 나는 가본 경험이 있어 익숙했다. 하지만 오랜만이라 힘들었다. 좀 타다보니 괜찮아졌다. 재미있게 타다가 지한이를 봤다. 벽을 잡고 조심조심 가고 있었다. 너무 느렸다. 지한이의 한 바퀴는 나의 세 바퀴다. 아쉽게 코코아는 못 먹었다. 민은경 쌤도 만났다. 아주 반가웠다.

주제: 아이스 스케이트

〈고드름 맛있다〉

 산책을 갔다. 아주 좋았다. 놀이터 철봉, 구름사다리, 시소에 고드름이 있었다. 한 개 먹어봤더니 아주 맛있었다. 맛있어서 20개 넘게 먹었다. 고드름을 많이 먹었는지 트름이 나왔다. 논 쪽으로 갔다. 그곳에는 물이 모두 얼어있었다. 우리는 얼음을 캐고 얼음을 던지며 놀았다. 여기에서 신발을 적셨다. 하지만 아주 재미있었다. 지한이와 제이는 음료수를 두고 와서 얼른 달려갔다. 나와 상현이, 승우, 지한이는 논 옆에서 오줌을 쌌다. 논 주인이 혼내지 않을까 약간 무서웠다.

주제: 얼음 산책

〈맛있는 구구콘〉

나는 구구콘을 처음 먹는다.

아주 맛있다.
거의 월드콘이다.

아래쪽이 부서져서 넘친다.
앞뒤를 동시에 먹어야 한다니!

너무 힘들다!

주제: 구구단 아니면 구구콘으로 시 쓰기

〈미안 누나~〉

 나눔장터를 개장했다. 우리 누나도 물건을 팔았다. 나는 누나가 파는 피카츄 인형을 샀다. 다시 집으로 돌아온 걸 환영한다, 피카츄! 상현이와 승우가 같이 팔고 있었는데 지한이와 지우가 같이 팔려고 들어왔다. 나는 사기만 했다. 그러다 그냥 쉬었다. 나도 다음에는 팔아야지. 돈을 벌고 싶으니까~!

주제: 나눔장터

〈잘가 운산백〉

 이제 운산백도 끝이다. 아주 좋다. 우리가 노력해서 만든 작품이 잘 나올까? 기대된다. 퇴고를 할 때 너무 힘들었다. 1부터 100까지 하니까. 운산백 책 제목을 정할 때 상현이는 이런 걸 말했다. 너무 핵꿀잼이라서 지릴 수도 있으니 기저귀를 가져와야 하는 운산책. 이걸 말한 것보다 이런 걸 생각한 게 대단하다.

주제: 마지막 운산100

〈마니또〉

 나의 마니또는 땡땡땡이다. 이놈에게 인형을 선물해야겠다. 이놈은 인형이 단짝이니까. 음화화화!

주제: 마니또 뽑기

〈마니또 발표〉

　중앙시장 다이소에서 마니또 선물을 샀다. 내 마니또는 제이다. 제이가 인형을 좋아해서 인형도 샀다. 지한이는 누군지 짐작도 안 갔다. 학용품, 간식 등을 샀다. 선물을 다 사고 강릉네컷에 갔다. 사진을 찍기 전에 내가 기수한테 똥모자를 쓰라고 했다. 근데 기수가 진짜로 그걸 머리에 썼다. 사진을 찍고 현태 아빠네 만두가게에서 호빵을 먹었다. 다음에는 지우, 승우 이모네 미용실에서 사탕을 가져오고 어묵도 먹었다. 버스를 타고 학교에서 마니또를 발표했다. 나는 제이, 제이는 지우, 지우는 현태, 현태는 나, 지한이는 하라, 하라는 기수, 기수는 아현이, 아현이는 상현이, 상현이는 승우, 승우는 지한이였다. 전혀 생각 못 한 마니또다.

주제: 크리스마스 이브와 마니또 선물

〈위기철 작가님〉

 위기철 작가님을 만났다. 나이 들어 보였다. 63세인데 더 나이들어 보였다. 뚱뚱해 보이기도 했다. 위기철 작가님이 우리 질문에 답해주었다. 궁금증이 해소되었다. 〈초록 고양이〉 책을 읽었다. 재미있었다. 점심도 같이 먹었다. 나중에 또 만나고 싶다.

주제: 위기철 작가와의 만남

〈달려라! 자전거 시험〉

　벌써 자전거 시험 날이다. 아주 긴장됐다. 9시 30분에 시작한다고 했다. 10분 동안 타기로 했는데 50분을 탔다. 다리에 감각이 없었다. 다리에 힘이 풀렸다. 물을 한 잔만 마셨는데 달달했다. 마치 생명수 같았다. 물이 맛있어졌다. 역시 운동하고 먹는 건 맛있다. 차가 왔지만 자전거 시험 선생님 차가 아니었다. 강릉에 사는 사람이 아닌 것 같았다. 드디어 왔다. 시험 선생님은 한솔 감독님이었다. 자전거 시험 종목은 지그재그 타기, 한 손으로 타기, 일어서서 타기, ㄴ자로 타기, ㅅ자로 타기다. 결국 우린 다 통과했고 아이스크림 케이크까지 먹었다. 한 번 더 해도 되겠네! 내가 제일 늦게 성공했지만 실력은 동일하게 됐다. 아주 뿌듯하다. 기다려라, 닭강정!

주제: 자전거 시험

〈10대가 되는 나〉

  나는 이제 10대가 된다. 아주 뿌듯하다. 그동안의 일들을 내가 해냈다는 게 뿌듯하고 자랑스럽다. 글쓰기도 많이 했고 그동안 깨달은 것도 많다. 시간도 빨리 가는 것 같다.

  새해가 되고 3학년이 된다. 아주 기대된다. 10살이 되면 과목도 많아지고 할 것도 많다. 그걸 다 해낼 수 있을지 걱정이다. 열심히 하면 3학년이 돼서도 더 잘할 수 있겠지? 좋은 선생님이 될지, 어떤 1학년이 들어올지, 어떤 전학생이 올지 궁금하다.

  더 좋은 사람이 될 수 있게 노력해야겠다. 내일이 기대된다.

주제: 이제 열 살, 10대

〈안녕, 이제그반〉

김지한: 너는 겨울방학 동안 살을 뺄 거야? 찔 거야? 난 찔 것 같네. 방학동안 살도 많이 찌고 많이 먹고 오렴, 우리 돼지! ♡

송아현: 겨울방학 이후에는 그만 좀 때려줘. 방학동안 주먹을 강화하지는 말고 아현아. 키 커서 보자!

신승우: 승우야, 방학동안 살도 많이 빼고 현태랑도 친해지자. 방학 잘 보내, 승우야.

신지우: 지우야, 동생이랑 많이 놀고 동생 잘 돌봐줘. 방학 잘 보내, 지우야

안제이: 제이야, 너에 대해 아는 게 없어서 지금은 이렇게 쓴다. 3학년에는 같이 많이 놀아서 너에 대해 알 걸 찾아야겠어. 방학 잘 보내.

조현태: 현태야, 상현이가 너 때문에 전학 고민도 하고 있대. 그러니 그만 좀 때려. 좋은 방학 보내, 현태야.

함상현: 상현아, 너는 방학 때 현태한테 안 맞아서 좋겠다. 좋은 방학 보내.

구하라: 하라야, 이제 하연이 누나도 중학교에 가니 배웅 잘 해줘. 좋은 방학 보내, 하라야.

김기수: 기수야, 이제 글쓰기 좀 그만 시키고 다른 학교 잘 가라. 잘 가라, 기수.

주제: 안녕, 이제그반

＃ 3. 닫는 글

〈나의 글쓰기〉

"글쓰기 하자"라는 말만 들어도 싫다.
그래도 통과하면 기쁘다.

항상 글쓰기가 싫은 건 아니었다.
쓸 아이디어가 많으면
조금 글쓰기를 하고 싶어진다.
하지만 지금은 하기 싫다.

좋기도 하고, 싫기도 한
그게 바로 글쓰기 할 때 내 기분이다.

내 글쓰기가 책이 된다면
나도 작가가 되는 거겠지?

남이 내 글쓰기를 봐서 부끄럽기도 하고
작가가 되니 기쁘기도 하다.

많은 사람들이 내 글쓰기를 볼 수 있을까?
그 책이 서점에 나올 수 있을까?

궁금하다.
책이 얼른 완성되면 좋겠다.

〈이제그반 아이들에게 보내는 가족들 글 모음〉

· 김도훈 가족

　도훈이의 책이 만들어진 것을 진심으로 축하해! 미리 읽어보면서 도훈이의 학교생활을 엿볼 수 있어서 정말 즐거웠어. 특히 친구들과 있었던 일, 수많은 도전 끝에 성공한 자전거, 다사다난 도롱뇽을 길렀던 일, 두근두근 꿈자람 발표회 등을 읽으면서 도훈이가 얼마나 깊이 생각하고 멋진 성장을 했는지 감동했어. 이렇게 많은 글을 쓰는 게 쉬운 일은 아니었을 텐데 끝까지 해낸 도훈이가 정말 자랑스러워. 앞으로도 더 많은 경험을 하고, 느끼고, 생각한 것들을 글로 남겨봐. 도훈이만의 특별한 이야기, '어이없는 김도훈' 두 번째 이야기를 기다릴게!!

· 김지한 가족

　지한이의 글쓰기 책의 앞 세 장 정도 읽고는 큰 웃음을 터뜨렸다. "온통 밥 얘기잖아!! 하하하하하" 그런데 한편으로 생각해 보니 지한이는 본인이 애정하는 것이 무언지 정확히 알고 그것에 애정을 가득 쏟는다. 만들기든, 먹는 거든, 가족이든, 그 무엇이든. 자신이 좋아하는 걸 제대로 알기란 얼마나 어려우며 그걸 알기 위해 우린 얼마나 많은 시간과 노력을 쏟는지. 아홉 살 인생에 좋아하는 걸 (벌써!) 찾아 마음껏 즐기는 지한이에게 박수를 보낸다.

· 송아현 가족

어른이라는 안경을 끼고 보면 아이들의 삶은 작아 보인다고 평가하고 판단하게 된다. 어느 한 자리에서 일을 하고 있다는 이유만으로 마치 세상에 기여를 하고 있다고 우쭐하기 때문이다. 그래서 '놀기만' 한다고 생각되는 아이들의 삶을 나도 모르게 가끔은 가벼이 여기기도 했던 것 같다. 사랑하는 딸 아현이가 쓴 글들을 읽은 후 느낀 나의 솔직한 고백은... '딸이 아홉 살의 시간을 찬란하고 아름답게 살아냈구나.' 하는 거였다. 너무나 많은 것들을 경험하고 배웠고 다양한 사람들을 만남으로 사람을 알아갔고 희로애락의 다양한 감정들을 경험했음을 알았다. 주어진 순간을 마음껏 누리며 살고 있었다. 오히려 내가 살았던 일 년의 시간보다 더 풍성하고 노력하며 살아냈음을 깨달았다. 그리고 참 많은 사람들의 사랑과 헌신으로 그 삶들이 만들어지고 있었다. 재미있다고 표현한 이제그반 친구들 속에서 너무 큰 행복을 경험하고 있었고, 선생님들과 학부모들과 교육공동체, 심지어 지역공동체까지 힘을 모아 한 아이의 삶에 물을 주며 가꾸어 주고 있었다. 그렇게 예쁘게 자라고 있는 내 딸과 이제그반 친구들의 삶이 기대되며 응원하게 된다. 딸이 작가가 되었다. 적어낸 글들처럼 마음껏 삶을 즐기고 행복해하며, 많은 사랑들을 먹고 자라며, 지금처럼 웃고 울고 짜증 내기도 하면서 삶을 노래하는 멋진 '작가'로 자라가기를...

· 신승우 가족

승우야! 1년 동안 글쓰기 하느라 힘들었지? 그래도 먼 훗날 너의 아홉 살 인생을 책으로 볼 수 있다고 생각하면 너무 뿌듯할 것 같아! 아빠, 엄마는 승우의 글을 보면서 웃기도 하고 슬프기도 했지만 승우의 마음을 알 수 있어서 너무 좋았어! 앞으로도 그때그때의 마음을 글로 표현해 보았으면 좋겠어! 아홉 살 인생 작가가 된 걸 축하해! ♡

· 신지우 가족

지우야! 1년 동안 글쓰기가 많이 힘들었겠지만, 지우의 글을 보며 아빠와 엄마는 지우의 1년을 알 수 있어서 웃음이 나기도 하고 미안하기도 하고 너무 재미있었어! ㅎㅎ 아홉 살 1년 동안 글쓰기가 너의 인생에 두고두고 밑거름이 되었을 거라 생각해. 김기수 선생님께 항상 감사하자! 지우의 아홉 살 인생의 기록! 작가가 된 것을 축하해! ♡

· 안제이 가족

〈나는 몰라 안제이〉 글 모음집을 읽고 지난 1년이 눈앞에 만져지듯이 펼쳐졌습니다. 때로는 학교 교실에 앉아 2학년 아이들과 수업을 들었고, 어느새 하교하여 제이와 마주 앉아 시간을 보냈습니다. 지나가며 했던 이야기들, 함께 했던 순간들이 글 속에 녹아들어 그 순간의 감정과 추억을 더 깊이 간직할 수 있게 해준 것 같습니다. 눈 뜨면 출근하고, 집에 오면 밥 먹이고 씻겨서 재우기만 바빴는데, 그

동안 아이는 이렇게 생각했고 자라왔구나 하고 새삼 알게 되었습니다. 미안했던 순간을 담은 이야기에는 눈물을 훔치기도 하고, 아빠가 좋다고 해준 표현에는 저도 모르게 가슴이 뭉클해지기도 했습니다. 그렇게 한 편 한 편의 글을 읽으며 지나간 시간을 다시금 되새겼습니다. 기록하지 않았더라면 스쳐 지나갔을 일들이, 글똥누기가 너무 싫고 그걸 시키는 기수 쌤은 더 싫다던 아이의 불평이, 이렇게 책으로 완성되어 놓쳤던 아이의 마음과 내 지난 모습을 보여줍니다. 그 소중한 순간들이 모여 앞으로의 시간을 더욱 값지게 만들어 줄 것입니다. 마지막으로 한 권만으로도 방대한 분량의 글인데, 반 아이들 9명 모두의 글을 모아 9권의 책으로 엮어주신 기수 쌤께 깊은 감사를 드립니다. 늦은 밤까지 모니터 앞에서 피곤을 달래며 편집해 주셨을 생각에 더욱 감사한 마음이 듭니다. 1년을 함께 지내며 집에서 하도 기수라고 불렀더니 선생님이라는 호칭보다 기수라고 부르는 게 더 익숙해졌습니다. 친근함을 넘어선 그 따뜻한 사랑이 아이들 마음에 오래도록 남을 것입니다.

· 조현태 가족

잘못될까 봐... 안 좋을까봐... 걱정과 염려를 가지고 아이를 보던 제 마음을 또 반성합니다. 아이 안에 이미 아이의 우주가 있고 보아주고 믿어주기만 하면 아이만의 인생을 그려낼 텐데 이 쉬운 걸 자꾸만 까먹는 게... 저에게는 영 어려운 일입니다. 아이가 자주 글을 쓰고 그 글을 읽을 수 있으면 좋겠습니다. 그래서 까먹을 때마다 다시 기억해 낼 수 있으면 좋겠습니다. 특별한 우리 아이를 있는 그대로 보아주고 함께해 주는 이제그반 친구들과 부모님들, 2024년 행복한 한 해의 기억과 특별한 경험을 선물해 주신 기수 쌤 감사합니다.

· 함상현 가족

 사랑하는 우리 아기 상현아. 너의 첫 번째 책의 출판을 진심으로 축하해. 한 줄 한 줄 너의 책을 끝까지 읽는 동안 웃다가 울다가 ㅎㅎ 엄마, 아빠의 얼굴엔 미소가 사라지지 않았어~ 너의 잊지 못할 추억, 행복하고 소중한 2학년 〈기수 쌤과의 이제그반〉의 생활을 엄마, 아빠도 볼 수도, 느낄 수도 있었단다. 건강한 웃음소리가 들렸고 해피 바이러스를 느끼게 해줘서 우리 상현이와 이제그반에게 고맙고 감사해~ 너무너무 축하하고 사랑해, 내 아기♡

· 구하라 가족

 하라의 아홉 살 인생을 보며 하루도 빠짐없이 열심히 건강하게 보낸 것 같아 마음 가득 기쁘고 감사합니다! 함께해 준 친구들과 기수 쌤, 채워주신 마을 선생님들 덕분입니다!! 감사합니다! 그 누구보다 강릉을 잘 누리고 있는 하라야! 난 1년 동안 운산초 이제그반에서 많은 도전을 하면서 한 뼘 성장한 모습을 보면서 우리는 늘 감사한 마음이야. 글 쓰는 재미를 발견하고 이제그반을 통해 너의 글이 세상에 나올 수 있게 된 것을 축하해. 지금부터 수없이 써 내려갈 너의 생각과 글과 그림이 누군가를 미소 짓게 하고 누군가를 위로를 하고 누군가를 응원할 수 있으면 좋겠어. 앞으로 딛고 사는 세상의 아름다움과 아픔을 발견하고 네 방식대로 표현하는 삶을 살아가길 우리 모두 응원하고 기도해.

[특별편] 도롱뇽 일기

2024. 3. 14. (목)

〈도롱뇽 알 잡아!〉

　도롱뇽 알을 채집했다. 물방개와 물장군도 채집했다. 미꾸라지도 발견했다. 늪에 빠지기도 했다. 진짜 나오기 어려웠다. 늪에서 조금 무서웠다. 겨우겨우 나왔다. 지한이는 송사리를 봤다고 했다. 채집을 할 때 재미있었다.

〈도롱뇽 1일째〉

　도롱뇽 알을 잡았다. 어떤 알은 터진 것도 있었다. 자세히 보니 도롱뇽 알 안에 있는 것 중에 어떤 것은 무언가가 열린 것 같았다. 빨리 도롱뇽이 되면 좋겠다. 도롱뇽 알아, 빨리 도롱뇽이 되렴!

2024. 3. 15. (금)

〈잘가라, 도롱뇽 알〉

   도롱뇽 알 몇 개를 자연에 놓아줬다. 2덩이만 남기고 놓아줬다. 왜 놓아줬냐면 영상을 봐서다. 그 영상에서 아직 어린 도롱뇽 애들이 서로 동족포식을 하는 모습을 봤다. 그래서 놓아줬다. 영상을 볼 때 마음이 안타까웠다.

〈도롱뇽 2일째〉

   도롱뇽 알의 형태가 완두콩 같아졌다. 어떤 알은 아직 동그란 것도 있다. 도롱뇽 알이 좀 많이 터져서 2덩이만 남기고 자연에 놓아줬다. 도롱뇽 알들아, 자연에서도 잘 자라!

2024. 3. 18.(월)

〈도롱뇽 5일째〉

  주말이 지나고 도롱뇽 알을 봤다. 그런데 도롱뇽 알이 점점 도롱뇽의 형태가 되어가고 있다. 도롱뇽 알의 모양이 길쭉해졌다. 도롱뇽아, 빨리 도롱뇽이 되자.

2024. 3. 19. (화)

〈도롱뇽 6일째〉

   도롱뇽 알을 관찰했다. 거의 달라진 점이 없었다. 선생님은 썩은 알이 더 많아진 것 같다고 했다. 그래서 더 관찰을 해봤다. 그래도 잘 모르겠다. 왜 변화가 없니, 도롱뇽 알아?

2024. 3. 20. (수)

〈도롱뇽 7일째〉

 도롱뇽이 내일 모레면 태어날 것 같다. 이제 도롱뇽 알이 움직인다. 지한이의 말로는 갈기가 약간 생겼다고 했다. 곧 태어날 것만 같다. 이제 도롱뇽 알 말고 도롱뇽이라고 부르고 싶다. 도롱뇽 알아, 내일 알에서 나오면 좋겠다.

2024. 3. 21. (목)

〈성체 도롱뇽을 잡다〉

   도롱뇽을 잡았다. 상현이는 지렁이인줄 알았다고 했다. 진흙에서 꼬리만 보여주고 있었다. 기수쌤을 불렀다. 우리 반에서 도롱뇽을 키우게 되었다. 좋다.

2024. 3. 25. (월)

〈도롱뇽 12일째〉

   도롱뇽 알에서 돌챙이가 되었다. 부화한 돌챙이는 두 마리였다. 드디어 돌챙이가 되었구나! 돌챙이들아, 빨리 도롱뇽들이 되자. 알들이 곧 있으면 다 부화할 것 같다. 왜냐하면 점점 돌챙이 알에 있는 돌챙이들이 점점 바깥쪽으로 나오고 있다. 돌챙이들의 형태를 하고 있다.

2024. 3. 26. (화)

〈도롱뇽 13일째〉

  밤사이에 도롱뇽 알에서 올챙이가 다 부화했다. 부화한 올챙이는 약 40마리였다. 죽은 것 같은 올챙이들도 있었다. 올챙이들을 모두 플라스틱 컵에 담았다. 번호도 썼다. 나는 9번을 골랐다. 왜냐하면 9번이 활발하기 때문이다. 이름도 지었다. 흑룡이라고 지었다. 몸 색이 검기 때문이다. 흑룡아, 빨리 도롱뇽이 되자. 건강하고 착하고 활발하고 강하고 잘 도롱뇽이 되자.

2024. 3. 27. (수)

〈도롱뇽 14일째〉

　돌챙이를 한 마리 더 골랐다. 이번에는 3번을 골랐다. 이번에도 3번이 활발하고 귀엽기 때문이다. 이름 짓기를 했다. 나는 승천이라고 지었다. 이름의 뜻은 흑룡이가 잘 승천하라고 지은 이름이다. 돌챙이를 자세히 보면 지느러미 같은 부분에 점박이가 있고 약간 우파루파를 닮았다. 빨리 도롱뇽 두 마리가 되면 좋겠다.

2024. 3. 28. (목)

〈도롱뇽 15일째〉

　돌챙이와 도롱뇽 알들의 제삿날이었다. 어제 계란 노른자를 주었는데 물에 퍼져서 노른자 지옥이 되었다. 그 외 숟가락으로 잘려 죽고 계란 노른자 때문에 죽고. 그리고 또 이유를 모르는 죽음도 많다. 숟가락으로 자른 것은 깨끗한 물로 갈을 때다. 도롱뇽 알 안에서 생명이 죽기도 했다. 돌챙아 그리고 알들아, 잘 키우지 못해서 미안해. 잘 묻어주고 남은 돌챙이들이라도 잘 키울게.

2024. 4. 2.(화)

〈도롱뇽 20일째〉

　내 돌챙이가 들어있는 컵을 쏟았다. 돌챙이가 사물함 아래로 들어갔다. 잠시 후 현태도 돌챙이가 들어있는 컵을 쏟았다. 현태는 바닥에 돌챙이가 있었다. 현태의 돌챙이를 구조할 때 선생님이 돌챙이가 더 커진 것 같다고 했다. 현태의 돌챙이는 구조되었다. 잠시 후 나도 한 번 관찰해봤더니 정말 더 커져있었다. 몸도 더 길어진 것 같다. 주말동안 물고기 밥을 많이 먹었나보다. 물고기 밥이 별로 없었다. 점박이도 많아진 것 같다. 점점 우파루파 같아지는 것 같다. 귀여운 녀석, 너만은 잘 자라라.

2024. 4. 3. (수)

〈성체 도롱뇽 탈출하다〉

    나는 어제 탈출을 성공했다. 하지만 느려서 2학년 반 문 앞까지만 가는데도 약 15분 걸렸다. 복도를 갈 때도 약 1시간이 걸렸다. 계단을 내려갈 때는 30분이 걸렸다. 학교 문 앞까지 드디어 왔다! 하지만 문이 꼼짝도 안 한다. 그래서 지금은 또 다른 길을 찾고 있다. 그러기 전에 말라 죽을 수도 있겠지만… 2학년 선생님과 2학년 학생들도 나를 찾고 있겠지. '그냥 채집통에 있을 걸' 생각이 든다. 내 몸은 말라가고 탈출구는 안 보인다. 탈출구 문을 만나도 문은 꼼짝도 안 할 거다. 결국 사람이 올 때까지 기다릴 수밖에…

2024. 4. 5. (금)

〈도롱뇽 23일째〉

　돌챙이를 관찰했다. 더 길어진 것 같고 자세히 보니 물고기 밥이 보였다. 정확히는 돌챙이 몸속에 물고기 밥이 보였다. 심장도 보이는 것 같다. 신기하다. 저렇게 작은 애가 도롱뇽이 된다는 것도 신기하다. 도롱뇽은 어떻게 자기보다 큰 알을 낳는 것인가 신기하다. 도마뱀은 파충류인데 도롱뇽은 양서류일까? 돌챙아, 너 진짜 도롱뇽이 될 수 있는 게 맞니?

2024. 4. 9. (화)

〈도롱뇽 27일째〉

　돌챙이가 더 길어진 것 같다. 승우는 돌챙이를 쏟아서 지금 정리를 다 마쳤다. 어쨌든 돌챙이가 더 커진 것 같다. 점박이도 많아진 것 같고 상현이의 말로는 갈기가 더 많아진 것 같다. 승우의 떨어진 돌챙이는 살렸다. 그런데 상현이가 승우 돌챙이를 떨어트려서 사라졌다. 지우가 자기 돌챙이의 목에 무언가 낀 것 같다고 했다. 저주 받은 쌍둥이다. 돌챙아, 동종포식은 절대 하지 말자~

2024. 4. 12. (금)

〈도롱뇽 30일째〉

　돌챙이가 육식이라고 해서 오늘 올챙이를 넣어봤다. 그런데 지금까지 안 먹었다. 돌챙이의 갈기 같은 게 아가미라고 했다. 돌챙아, 내일 벌써 한 달이라니. 축하한다.

〈올챙이 2일째〉

　어제 올챙이를 잡아왔다. 돌챙이와 비교해보려고 가져왔다. 올챙이는 뒷다리가 먼저 난다는데 돌챙이는 앞다리가 먼저 난다고 했다. 올챙이는 초식, 돌챙이는 육식이라고 했다. 올챙이도 잘 키워줄게.

2024. 4. 15. (월)

〈도롱뇽 33일째〉

　돌챙이 다리가 생겼다. 사진에서 본 것과 똑같았다. 신기하다. 뒷다리도 빨리 나와라. 도롱뇽이 되면 풀어줄 테니까 빨리 쑥쑥 자라라.

〈올챙이 5일째〉

　돌챙이가 살아있는걸 먹어서 올챙이를 주고 있다. 불쌍한 놈. 올챙이는 뒷다리가 났다. 제발 잘 자라라. 앞다리도 나와라. 빨리.

2024. 4. 22. (월)

〈성체 도롱뇽을 찾다?〉

　승우, 지우가 찾은 도롱뇽이 승우, 지우 거라고 했다. 무늬가 똑같아서라고 했다. 승우, 지우 거여도 잘 키워줄게. 도롱뇽이 되게 작은 것 같다. 검은색 점박이도 있다. 우리 반에서 키우던 도롱뇽과 완벽히 다르다.

〈개구리를 잡다〉

　개구리 17마리를 잡았다. 개구리가 청개구리 6마리 나머지는 다 참개구리다. 개구리는 다 눈이 금색이고 목젖 부분이 계속 움직인다. 신기하다.

2024. 4. 23. (화)

〈개구리를 풀어주다〉

  어제 개구리를 잡았는데 오늘 다 풀어줬다. 한 마디씩 하고 풀어줬다. 그 전에 몇 마리를 풀어줄지 투표도 했다. 지한이는 자기 마음대로 안 되어서 울었다. 개구리를 풀어주려고 할 때 개구리가 엄청 팔짝거렸다. 자연에 풀어줄 때 잘 안 가는 애들도 있었다. 하지만 다른 애들은 행복해보였다. 투표할 때 내가 선택한 게 되어서 좋았고 개구리들을 보내줄 때는 약간 아쉬우면서도 행복했다.

2024. 5. 7. (화)

〈도롱뇽 55일째〉

　이제 돌챙이는 앞다리, 뒷다리가 다 났다. 다리로 걷기 시작했다. 돌챙이 수가 많이 줄었다. 9마리에서 6마리가 됐다. 돌챙아, 건강하게 무럭무럭 자라라.

〈올챙이 27일째〉

　올챙이가 다 죽었다. 살아있는 건 야생 올챙이 뿐이다. 야생 올챙이라도 잘 키워야 한다. 먹이로 주려던 올챙이를 키워야 한다. 너희는 행운인 줄 알아라.

2024. 6. 10. (월)

〈도롱뇽 89일째〉

  자연산은 도롱뇽이 되었다. 꼬리가 길다. 걸어 다닌다. 엄청 귀엽다. 빨리 커서 완벽한 도롱뇽이 되자. 양식 도롱뇽도 점점 도롱뇽처럼 되어간다. 아가미가 작아진다. 배가 통통하다. 온 몸에 점이 있다. 걸어 다닌다. 쑥쑥 커라, 돌챙이

2024. 6. 19. (수)

〈도롱뇽 98일째〉

   도롱뇽아 잘 지내고 있니? 우리는 항상 보고 싶어 한단다. 기수보다 100배, 1,000배, 무한 배 보고 싶어 하고 있다. 이제 양식도 자연산이 되었겠구나. 잘 자라고 있으면 좋겠구나. 백일잔치를 못 해 줘서 미안해. 된다면 케이크를 갖다 바칠게. 다 기수 때문이니까 나랑 이제그반 친구들은 용서해줘. 알겠지? 기수만 괴롭혀~ 알겠지? 거기가 수조보다 좋지? 우리도 나중에 놀러갈게. 미안해.

                                      - 도롱뇽을 사랑하는 김도훈

2024년 운산초등학교
2학년 이제그반 글쓰기 모음집은
모두 총 9권이야.

1. 어이없는 김도훈
2. 만들기를 좋아하는 김지한
3. 좋아하는 게 많은 송아현
4. 꿈이 많은 신승우
5. 많은 걸 좋아하는 신지우
6. 나는 몰라 안제이
7. 빠르다 조현태
8. 미술이 싫은 함상현
9. 몽실이와 구하라

어떤 책을 읽었니?

9권을 모두 읽으면
깜짝 놀랄 일이 벌어질 거야!

> 당신의 바다는
> 삶을 받아쓰는 당신을 응원합니다.

책 제목 어이없는 김도훈

2025년 3월 3일 1판 1쇄 펴냄

글쓴이 김도훈
엮은이 김기수
펴낸이 김민섭
펴낸곳 당신의바다

출판등록

주소 강원특별자치도 강릉시 강릉대로 217 3층
이메일 xmasnight@daum.net

ISBN 979-11-93847-25-1 03810